# Svend Otto S.
# Jasper der Taxihund

Heye

Es ist schon lange her, da tauchte eines Tages am Taxistand
von Hellerup ein kleiner herrenloser Hund auf.
Den Taxifahrern gefiel der kleine Landstreicher so gut,
daß sie ihm einen Namen gaben. Sie nannten ihn Jasper
und schenkten ihm ein Halsband, auf dem sein Name stand.

Auch der alte Kaufmann schloß Freundschaft mit Jasper.
Er kaufte ihm einen Korb und ließ ihn nachts bei sich schlafen.
Jetzt brauchte er sich wegen der Ratten keine Sorgen mehr
zu machen.

Morgens, wenn die Müllmänner kamen,

wachte Jasper auf und kratzte an der Tür.
Er wollte raus, um Ratten zu fangen.

Jasper war ein guter Rattenfänger.

Dann lief er zum Bäcker,
um sein Frühstück abzuholen.

Von der Bäckersfrau bekam er
jeden Morgen eine Brezel. Das war seine
Belohnung fürs Rattenfangen.

Mit der Brezel zwischen den Zähnen rannte Jasper ins Café,
wo ihm der Kellner jeden Morgen eine große Schale Kaffee eingoß.

Jetzt konnte das Frühstück beginnen!

Am liebsten fuhr Jasper aber Taxi.

An einigen Tagen fuhr Jasper sehr weit,
bis in den Wald.

Dann ging es mit einem anderen Taxi weiter.

Manchmal fuhr er in die nächste Stadt,
sprang ab und trieb sich eine Weile herum.

Eines Morgens, bei der Wachparade,

marschierte Jasper in der Musikkapelle mit.

An anderen Tagen lungerte er auf dem Bahnhof herum.

Und immer fand Jasper ein Taxi, das ihn zurück nach Hellerup brachte.

In Hellerup, hinter dem Taxistand, war ein Hühnerhof.

Eines Tages lag Jasper auf dem Trittbrett eines Taxis und wartete auf eine Fahrt.

Peng! Ein Vorderreifen platzte
mit lautem Knall.

Aufgeregt gackernd ergriff das Hühnervolk die Flucht.

In seinem Schreck machte
Jasper einen Satz über den Zaun

- und landete im Hühnerhof.

Hätte er das nur nicht getan!

„Jasper muß weg",
sagte der Schutzmann
und führte ihn ab.

An ihrem Weg lag aber das Café.
Dort trafen sie einen Bauern.
„Einen Wachhund könnte ich gebrauchen",
sagte der Bauer.

Und er nahm Jasper mit auf seinen Bauernhof,

legte ihn an die Leine und steckte ihn in eine Hundehütte.

Jasper vermißte seine Freunde in Hellerup sehr.
Er kaute so lange an seiner Leine, bis er sie durchgebissen hatte.
Dann rannte er die Hauptstraße entlang.

„Sicherlich kommt bald ein Taxi", dachte er.

Schließlich kam eines, wenn auch ein ganz altes.
Aber das machte Jasper nichts aus. Er sprang aufs Trittbrett.

Noch am selben Abend kratzte er an der Ladentür.
Und der alte Kaufmann freute sich, daß Jasper wieder da war.

Nun war Jasper wieder zu Hause,
aber ständig unterwegs und immer in Eile.
So kam es, daß er eines Tages von einem Bus
angefahren wurde.

„Jetzt ist es aus mit ihm", sagten seine Freunde.

Und sie taten ihn in die Mülltonne.

Aber Jasper war nur bewußtlos.
Nach einer Stunde kam er wieder
zu sich.

Und nach ein paar Tagen ging es ihm schon wieder viel besser.

Und dann passierte noch etwas! Jasper sah eine schöne Dackelhündin.

Es war die schönste Dackelhündin, die er je gesehen hatte.